Muriel Najanoff

Erinnerungen an die Zukunft

Herstellung und Verlag:
BoD - Books on Demand, Norderstedt

ISBN 978-3-8482-7182-5

leichte Worte
schwer machen
süßen Duft
zu salzigen Tränen

Und manchmal
ist Lachen
nur Flucht vor der Traurigkeit.

Schlaflos in strahlender Nacht –
sieh das Lächeln aus tausend Augen
Aufgehoben im Dunkel der Sterne –
höre sie singen in Deinem Herz

Ungewisse Zukunft
Tausend ungefragte Fragen
formen sich Wolken in meinem Kopf
Gewittersturm

Wünsche und Hoffnungen
verbannt
Blütenknospen!

Sonnenstrahlen
nur das Versprechen
zu suchen nach mir selbst.

4

Leben:
  in manchen Augenblicken
  pulsierend wie schnelle Musik
  dichtgedrängt
  fast sich überschlagend
  und dann wieder
  wie verloren

Mandelblüten und
die süßen Klänge einer
    traurigen Gitarre
zeichnen Bilder in
mein Herz und nehmen es mir
    grausam sanft gefangen.

Ganz
aufgehoben
erst im Tod

Verfall
zieht uns an

Siehst Du den Himmel?
Die Wolken ziehn
weiter
als sei nichts geschehen
weiter!

Und doch versuchte
einer
die Zeit aufzuhalten
mit einem Schuß.

Einen Augenblick
verharrte sein Blut, als
das Herz stehenblieb, floß dann
weiter
über die Erde.

Siehst Du den Himmel?

Einen Augenblick
schweigen wir still, als
man uns von ihm erzählt, lachen dann
weiter
als sei nichts geschehen
weiter!

Wir können unser Leben
doch nicht ändern und
einem
wurde das zu schwer.

es ist
als sei ich nur gast hier
wo ich bin
oder nicht
für kurze zeit
ist es mir gegönnt
anteil zu haben
um dann
wieder ausgeschlossen zu werden
wohin?
erinnerung zerfließt
bis nichts mehr bleibt außer trauer
wo?
es ist als sei ich nur gast hier
für sehr kurze zeit.

Alles
in gespenstisches Licht getaucht
Bäche silberglänzend
silberne Haut

Geblendet durch das gleißende Weiß
die Finsternis

Zitronenmond,
   hinter den November-
   nebelwolken, du!

... und kaum erahnt
   ist im Silberschimmer
   auch dein Leuchten still.

Allein – es glüht
   über ferne Himmel
   funkelnd auf dein Blick.

Unsagbar
die Trauer um die Vergangenheit
die schwere Erinnerung
an die Zukunft
keine Worte
Musik
fehlt.

Glück zum Greifen nah,
kann es nicht einmal berührn
Wintereinsamkeit.

Erinnerung zerfließt
mit einem Wattebausch
halte sie auf!
Voll saugt er sich
wird selbst
Erinnerung
ist nur noch
rosa und weich.
was davon Tränen waren
– viele waren es,
Lachtränen
und Sturzbäche voll Trauer –
weiß niemand mehr.

In lauen Nächten
schreit die Sehnsucht laut
und der Widerhall der Sterne
macht mich weinen. –

I

Gedankenfragmente im
August
Am verlöschenden Docht
Ein letztes Zucken von Blau
Mörderische Gedanken
Wüten
An einer Kerzenleiche
Von griechischen Pistazien
Die Lippen salzig
Sehnsuchtsgeschmack im Mund
Und Sonnenblumen
Tanzen

II

Gedanken fließen:
Das leuchtende Gelb der Sonnenblumen
Die zerflossene Leiche einer Kerze -
Wachslachen,
Eine geköpfte Rose
Und dazwischen
Auf salziggeleckten Lippen
Geschmack von Sehnsucht.

Du verfolgst mich
mit jedem Augenpaar
das meine Blicke kreuzt
mit jedem Lachen
das in meinen Ohren klingt
mit Deinem Geruch
überall
mein Herz steht in Flammen

Doch wenn ich
Dich
sehe ist's
als seist Du glanzloser
als der Zaubermantel
den ich Dir um Deine Schultern legte
der jetzt auf allen Blumen
in allen Sonnenstrahlen liegt

Deine Abwesenheit
verbrennt mich in Sehnsucht
und ich kann leben
aber Du
bist bleiche Apathie
auf meinen Gliedern
und mein Herz steht
still

Inventur
Was ich besitze?
Bücher voll Geschichten fremder Menschen
   voll Erinnerungen, die mir nicht nahegehen,
nicht nahegehen können.
Einfach
schwarze Buchstaben auf weißlichem Papier.
Kaltglänzende Musik
   zu falscher Starrheit gepreßt.
Leblose Bilder, die mir meine Erinnerungen ein-
   gefroren haben.
Was ich besitze?
Blumen, die mir Tag für Tag eine Vergänglichkeit
   vor Augen halten...
– Gibt es eine Vergänglichkeit von Erinnerungen? –
Was ich denn besitze?!
... Und mittendrin ein trauerleeres Herz.

Mitte des Lebens

Auf halber Strecke
bleibe ich stehen
blicke zurück
sehe verschwommen
was war
klarer sind
meine Erinnerungen
schön war
sagen sie
alles.

Auf halber Strecke
bleibe ich stehen
blicke voraus
sehe verschwommen
was sein wird
klarer sind
meine Wünsche
schön wird
sagen sie
alles.

Auf halber Strecke
bleibe ich stehen
blicke mich um
sehe
nichts.

Hast Du schon einmal gesehen,
Wie zwei Wolken sich streicheln?
Wie sie im Augenblick ihrer Berührung
Kurz verharren und wieder auseinander fließen
Um im Blau des Himmels zu zergehen...

20

dein blick

die augen weit offen
um alles zu fassen
was vorgeht in der welt
grüngrau
ruhelos zitternd
unmöglich ist es
die welt ganz zu fassen
in einen augenblick!
wichtiges
suchend
langwimprig
das überflüssige
beiseite zu schieben
grüngrau
doch manchmal
verharrten sie
so kurz!
und wurden tief
und dein herz sprach durch sie
grüngrau

Totenbleich ihre Zähne
jeder Laut in der Kehle erstarrt
ungehört von seinen Ohren
die Traurigkeit
die aus dem Abgrund ihrer Augen
schreit.

Nichts Schöneres
als den bittern Salbei
und den harzigen Piniengeruch
durchtränkt
vom Salzgeschmack griechischen Meers
im Gesang der Zikaden.

Nichts Schöneres
als das Lachen von Kindern
und das Salz auf Deiner Haut
nur nachts ertränkt
der harzige Wein
den bittern Geschmack eines Endes.

Seltsamkeiten
du stolperst über sie
und fällst
in Glassplitter
deine Augen
blind
vor Tränen
die Welt
die du kanntest
zerstört

Abschied

Was machen
wenn ein Mensch geht
ohne Abschied zu nehmen?
Zurückgelassen
hast du nichts:
von Sinnlosigkeit
stumme Erinnerung.

Gott
scheint manchmal seine
Augen verschlossen zu halten
und heimlich
kommt der Tod mit dunkler Hand.

Fragen an einen Selbstmörder

Wie fühlt man sich
als Opfer und Täter zugleich
sag!
Standen Deine Gedanken still
oder wußtest Du was Du da tust
sag!
Weißt Du
warum
oder war Dir Dein Sterben
in diesem Augenblick genauso
sinnlos
wie Dein Leben für Dich war
sag!

Es hatte doch einen Sinn, oder?

Leicht ist
Erinnerung an einen Menschen,
von dem du Abschied genommen hast.
Wie schwer ist es,
im Herzen Erinnerung zu bauen
von einem Menschen,
den du täglich siehst!

Spiele von Bildern.
Du greifst dir eines heraus.
Es ist das falsche,
noch nicht, aber bald.
Denn mit der Zeit ändern sich Menschen,
und irgendwann stellst du fest,
du liebst ein Bild.

Mein Herz möchte lieben
Menschen
die in ihm Wurzeln geschlagen haben.
Aber es sind
Menschen
die jetzt
in ihrem Anderssein
tausend Dornenblüten tragen.

Ich habe Dir mein Herz
zu tragen gegeben
aber es war Dir zu schwer.

Warum
hast Du es mir nicht einfach
zurückgegeben?
Was
mußtest Du es denn
fallen lassen
daß es in tausend Stücke
zerbrach!

Einzeln
mußte ich es suchen und
zusammensetzen
und immer noch ist's
als fehlte davon
zuviel.

Und doch
ist es dadurch
nicht leichter geworden
mein Herz.

Schwarze Schicksalsvögel!
Stecht mir mein Herz,
damit es nicht mehr fühlt,
und meine Augen,
daß sie nicht mehr weinen können,
aus!
Das heiße Blut
wird dann vielleicht
der Wunde Kühlung tun, die
er mir schlug.

Umarme mich mit Deiner Stimme
und trage mich mit Deinem Blick
ins Paradies

Darf ich heute nacht
von Dir träumen?

Sei Du das Lächeln
auf meinem schlafenden Gesicht
bis der Sonne Strahlen mich
in Deinen Armen weckt.

Hochwasser

In deine Wellen
möchte ich stürzen
reiß mich in die Tiefe
nimm mich mit
verschlinge mich und laß dich verschlingen
Hochwasser
aufgehen will ich mit dir
eins werden
mit deinen Wogen
trag mich bis an dein Ende
und im ewigen Meer
will ich mit dir treiben
ohne daß sie mich finden.

Totenwache

Den Rücken zum Leichnam
stehen sie da
die Polizisten mit ernsten
schweigenden Gesichtern
die Hände hinter dem Rücken
heimlich gefaltet.
Sein Schutzwall
gegen die vorüberrauschende
Menschenmasse des Bahnhofs.
Und doch:
So viel Achtung vor ihm
gab es zu Lebzeiten
nie.

Die Trauer deiner Augen
vor der mich die Spinn-
weben deines Lachens
nicht retten konnten
ist der tiefste See
in den ich je gefallen bin
um gerne zu ertrinken.

Weißes Papier

Mit unsichtbarer Tinte
undenkbare Worte
– keine Worte!
und keine Tinte! –
auf weißem Papier.

Ungesagtes
bleibt ohne Antwort
keiner liest
das weiße Papier

Schwarz müßtest Du sein
damit man *nicht mehr* lesen kann
und alles gesagt ist und sagbar,
weißes Papier!

Keine Worte.
Ich habe keine Worte mehr.
Der Kopf ist voll
und wird nicht leer.

Keine Töne.
Ich habe keine Töne mehr.
Das Herz ist voll
und wird nicht leer.

Keine Pause.
Dauernd auf hundertachzig.
Alles ist voll.
Nichts ist leer.

So sehr
sehne ich mich
nach Ruhe.

Warum fürchten die Menschen
so unsinnig in ihrem Denken
den Tod,
da er doch Ewigkeit ist.

Meine Seele
Ein Schmetterling
Trägt auf seinen Flügeln
Des Herren Lied
In den Himmel

Inhaltsverzeichnis